威廉女母

My First Chinese Reader

快乐儿童华语

VOLUME 4
第四册

www.BetterChinese.com

My First Chinese Reader

My First Chinese Reader Student Textbook - Volume 4
Simplified Chinese Characters

Founder: Li-hsiang Yu 虞丽翔
Publisher: Chi-kuo Shen 沈启国
Illustrations by Better World Ltd.
Published by Better World Ltd.
3 4 5 XLA 15 14 13

P. O. Box 695
Palo Alto, CA 94302, USA
Tel: +1-650-384-0902
Email: usa@betterchinese.com
Web: www.BetterChinese.com

Use this product with our Online Learning System at www.BetterChinese.com.

ISBN-13: 978-962-978-160-6
ISBN-10: 962-978-160-3

BetterChinese®

目录 Contents

第三十七课 中国的节日........................1
Lesson 37 Chinese Festivals

第三十八课 去商店买东西........................10
Lesson 38 Shopping At The Store

第三十九课 爷爷的生日会........................21
Lesson 39 Grandpa's Birthday Party

第四十课 一年有四季........................29
Lesson 40 Four Seasons

第四十一课 我病了........................39
Lesson 41 I Am Sick

第四十二课 我喜欢我的学校........................48
Lesson 42 I Like My School

目录 Contents

第四十三课 运动会 56
Lesson 43 Sports Meet

第四十四课 我的社区 66
Lesson 44 My Community

第四十五课 你有什么爱好？ 77
Lesson 45 What Are Your Hobbies?

第四十六课 十二生肖 88
Lesson 46 The Chinese Zodiac

第四十七课 我的假期 97
Lesson 47 My Vacation

第四十八课 认识中国 109
Lesson 48 Getting To Know China

dì sān shí qī kè　zhōng guó de jié rì

第三十七课　中国的节日

dì sān shí qī kè　zhōng guó de jié rì
第三十七课　中国的节日

nóng lì zhēng yuè chū yī shì chūn jié
农历正月初一是春节。
guò chūn jié de shí hou, zhōng guó rén
过春节的时候，中国人
chī jiǎo zi
吃饺子。

nóng lì zhēng yuè shí wǔ shì yuán xiāo jié
农历正月十五是元宵节，
yě jiào dēng jié. guò yuán xiāo jié de
也叫灯节。过元宵节的
shí hou, zhōng guó rén chī tāng yuán
时候，中国人吃汤圆。

dì sān shí qī kè　zhōng guó de jié rì
第三十七课　中国的节日

nóng lì wǔ yuè chū wǔ shì duān wǔ jié
农历五月初五是端午节。
guò duān wǔ jié de shí hou, zhōng guó rén chī zòng zi
过端午节的时候，中国人吃粽子。

nóng lì bā yuè shí wǔ shì zhōng qiū jié
农历八月十五是中秋节。
guò zhōng qiū jié de shí hou, zhōng guó rén chī yuè bǐng
过中秋节的时候，中国人吃月饼。

dì sān shí qī kè 第三十七课　zhōng guó de jié rì 中国的节日

shì shi kàn 试试看 Challenge

今天是二零零八年二月七日。今天是农历正月初一，是春节。春节也叫农历新(xīn)年，是中国人一年中最重要(zhòng yào)的节日。过春节的时候，中国人吃饺子，放鞭炮(fàng biān pào)，舞(wǔ)狮子。我最喜欢过春节。我还喜欢过元宵节。农历正月十五是元宵节。元宵节也叫灯节。过元宵节的时候，中国人吃汤圆，赏(shǎng)花灯，猜(cāi)灯谜(mí)。汤圆甜甜(tián tián)的很好吃。

你喜欢过什么节？

生词： New Words

新： new	重要： important
放鞭炮： to set off firecrackers	舞狮子： Lion Dance
赏花灯： to enjoy lanterns	甜： sweet
猜： to guess	谜： riddle

dú yi dú
读一读 I Can Read

卖汤圆，卖汤圆，

tián tián
甜甜的汤圆圆又圆。

wǎn
一碗汤圆三块钱，

tián
汤圆不甜不要钱。

卖汤圆，卖汤圆，

mǎn mǎn tián tián
满满的汤圆甜又甜。

wǎn
一碗汤圆三块钱，

mǎn
汤圆不满不要钱。

卖汤圆，卖汤圆，

tián tián
圆圆的汤圆甜又甜。

wǎn
一碗汤圆三块钱，

汤圆不圆不要钱。

生词： New Words

碗：bowl 满：full

dì sān shí qī kè zhōng guó de jié rì
第三十七课 中国的节日

dú yi dú 读一读 I Can Read

xiàng
每条大街小巷，每个人的嘴里，

jù gōng xǐ gōng xǐ
见面第一句话，就是恭喜恭喜！

gōng xǐ gōng xǐ gōng xǐ
恭喜恭喜恭喜你啊，

gōng xǐ gōng xǐ gōng xǐ
恭喜恭喜恭喜你！

生词： New Words

巷：alley　　第一句话：the first sentence　　恭喜：congratulations

jù xíng 句型 Sentence Patterns

…的时候…

过春节的时候，中国人吃饺子。
During the Spring Festival, Chinese people eat dumplings.

过元宵节的时候，中国人吃汤圆。
During the Lantern Festival, Chinese people eat sweet glutinous rice balls.

上课的时候，请不要睡觉。
Please do not sleep during class.

下大雪的时候，我们可以不上学。
When it is snowing heavily, we do not have to go to school.

jù xíng liàn xí
句型练习

过春节的时候，中国人吃饺子。

过端午节、中国人吃粽子

→ ____________________________。

过中秋节、我们吃月饼

→ ____________________________。

吃饭、不要看书 → ____________________________。

打网球、要穿球鞋 → ____________________________。

rèn dú zì cí
认读字词

节日	jié rì	festival
农历	nóng lì	Lunar calendar
正月	zhēng yuè	the first month of the Lunar year
初一	chū yī	the first day of each month

dì sān shí qī kè zhōng guó de jié rì
第三十七课 中国的节日

rèn dú zì cí
认读字词

春节	chūn jié	Chinese New Year, Spring Festival
过	guò	to celebrate, pass
时候	shí hou	time, occasion
饺子	jiǎo zi	dumpling
元宵节	yuán xiāo jié	Lantern Festival
灯节	dēng jié	Lantern Festival
汤圆	tāng yuán	sweet glutinous rice ball
端午节	duān wǔ jié	Dragon Boat Festival
粽子	zòng zi	glutinous rice wrapped in bamboo leaves
中秋节	zhōng qiū jié	Moon Festival
月饼	yuè bǐng	moon cake

＿＿的时候，我们会吃＿＿

圣诞节 火鸡

xí xiě zì
习写字

灯	dēng lantern, light	丶 丷 火 火 灯 灯
节	jié festival	一 十 艹 节 节
元	yuán first, [a monetary unit]	一 二 亍 元
正	zhēng the first month	一 丁 下 正 正

dì sān shí bā kè　qù shāng diàn mǎi dōng xi

第三十八课　去商店买东西

dì sān shí bā kè　qù shāng diàn mǎi dōng xi

第三十八课　去商店买东西

dì sān shí bā kè　qù shāng diàn mǎi dōng xi

第三十八课　去商店买东西

dì sān shí bā kè qù shāng diàn mǎi dōng xi

第三十八课 去商店买东西

dì sān shí bā kè qù shāng diàn mǎi dōng xi

第三十八课 去商店买东西

第三十八课　去商店买东西

dì sān shí bā kè　qù shāng diàn mǎi dōng xi

试试看 (shì shi kàn) Challenge

星期六上午，妈妈带(dài)我和弟弟去商店买衣服(fu)。妈妈给弟弟买了一件(jiàn)浅蓝色的衬衫(chèn shān)、一条黑色的裤子和一双白色的袜(wà)子。妈妈想给我买一条粉红色的裙子，可是我不要，因为我不喜欢粉红色，我喜欢浅绿色。

生词: New Words

带：to take, bring
件：[measure word for clothing]
衬衫：shirt
衣服：clothing
袜子：socks

读一读 (dú yi dú) I Can Read

（在家里）

妈妈：小文，帮妈妈去买点东西，好吗？妈妈要可乐、果汁、包子和蛋糕。

小文：好！

（在商店里）

小文：请问，您这里有没有卖可乐？

dì sān shí bā kè　qù shāng diàn mǎi dōng xi

第三十八课　去商店买东西

dú yi dú 读一读　I Can Read

店员：对不起，没有。

小文：请问，您这里有没有卖果汁？

店员：对不起，没有。

小文：请问，您这里有没有卖包子？

店员：没有。

小文：请问，您这里有没有卖蛋糕？

店员：没有！

小文：这个商店怎么什么都没有啊？

店员：小朋友，这是水果店。

dì sān shí bā kè　qù shāng diàn mǎi dōng xi
第三十八课　去商店买东西

jù xíng 句型　Sentence Patterns

…吧！

便宜点吧！
Can it be a bit cheaper?

去打球吧！
Let's go play ball!

一起玩吧！
Let's play together!

快一点吧！
Let's hurry!

…行吗？

我们一起玩电脑游戏，行吗？
Let's play a computer game together, okay?

慢一点，行吗？
A little slower, okay?

我们去中国饭馆吃饭，行吗？
Let's go to a Chinese restaurant to have dinner, okay?

jù xíng liàn xí 句型练习

你们有没有粉红色的裙子？

他、中文书 → ____________________？

老师、电脑 → ____________________？

你同学、白色的上衣 → ____________________？

dì sān shí bā kè qù shāng diàn mǎi dōng xi

第三十八课 去商店买东西

jù xíng liàn xí
句型练习

我可以试穿吗？

我、去打球 → ____________________？

白玛丽、去 → ____________________？

我、看电视 → ____________________？

便宜点吧！

快一点 → ____________________！

一起看书 → ____________________！

去上课 → ____________________！

有没有短一点的？

大一点的 → ____________________？

深蓝色的 → ____________________？

长一点的 → ____________________？

dì sān shí bā kè　qù shāng diàn mǎi dōng xi

第三十八课　去商店买东西

rèn dú zì cí

认读字词

商店	shāng diàn	shop, store
橙色	chéng sè	orange
紫色	zǐ sè	purple
深	shēn	dark, deep
浅	qiǎn	light, shallow
粉红色	fěn hóng sè	pink
行	xíng	okay
试穿	shì chuān	to try on
试	shì	to try
便宜	pián yi	cheap, inexpensive

xí xiě zì
习写字

百 bǎi hundred

深 shēn deep; dark

以 yǐ may; with

行 xíng okay

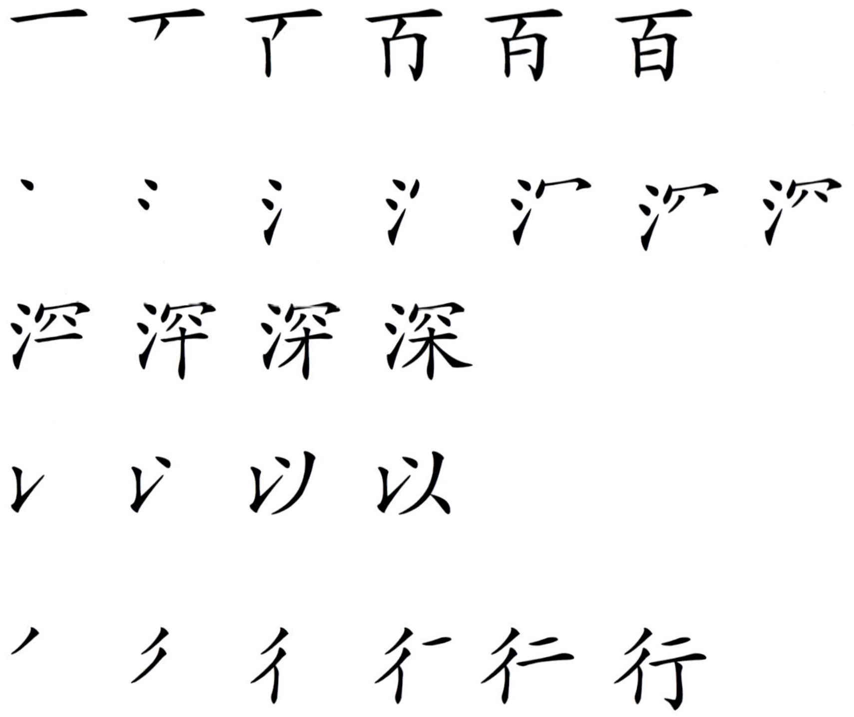

dì sān shí jiǔ kè　　yé ye de shēng rì huì
第三十九课　爷爷的生日会

dì sān shí jiǔ kè yé ye de shēng rì huì

第三十九课 爷爷的生日会

课(kè)文(wén)

昨天是爷爷的生日。我们为(wèi)他开(kāi)了一个生(shēng)日(rì)会(huì)。我们请了很多爷爷的朋友。爸爸、妈妈、弟弟和我每人送(sòng)给(gěi)爷爷一件(jiàn)礼(lǐ)物(wù)。爸爸送(sòng)给(gěi)爷爷一块手(shǒu)表(biǎo)。妈妈送(sòng)给(gěi)爷爷一件(jiàn)夹(jiā)克(kè)。弟弟送(sòng)给(gěi)爷爷一束(shù)花。我送(sòng)给(gěi)爷爷一个水果篮(lán)，里面有苹果、橘子、

dì sān shí jiǔ kè　yé ye de shēng rì huì

第三十九课　爷爷的生日会

kè wén

课文

菠萝、梨、荔枝，还有葡萄和桃子。爷爷的朋友送给爷爷一个生日蛋糕。奶奶送什么给爷爷呢？奶奶亲了爷爷一下！我们一面吃生日蛋糕，一面祝爷爷生日快乐，身体健康。

　　弟弟问爷爷：“你最喜欢哪一件生日礼物？”爷爷说：“都喜欢。”今天爷爷真高兴。

dì sān shí jiǔ kè　yé ye de shēng rì huì

第三十九课　爷爷的生日会

shì shi kàn
试试看 Challenge

今天是王小文的生日。我们为她开了一个生日会。我们送给王小文很多礼物。有一本书、一束花、一条裙子，还有一件上衣和一个很大的草莓蛋糕。我们祝王小文生日快乐，身体健康。她很高兴。

dú yi dú
读一读 I Can Read

一二三，三二一，
一二三四五六七，
七六五四三二一，
七个阿(ā)姨(yí)来摘(zhāi)果，
七只篮子手中提(tí)，
七种果子摆(bǎi)七样，
苹果、桃子、柿(shì)子、李子、栗(lì)子、荔枝、梨。

生词：New Words

阿姨：Auntie [a courteous way of addressing an older woman]
摘：to pick
提：to carry
摆：to put
柿子：persimmon
李子：plum
栗子：chestnut

jù xíng
句型 Sentence Patterns

一面…一面…

我们一面吃生日蛋糕，一面祝爷爷生日快乐。
We eat the birthday cake as we wish Grandpa a happy birthday.

我们一面吃饭，一面看电视。
We watch TV while we eat.

我们一面玩电脑，一面听音乐。
We play on the computer while listening to music.

真…！

真好！
Really good!

真好吃！
Really delicious!

真好看！
Really good-looking!

真漂亮！
Really pretty!

真有趣！
Really interesting!

真高兴！
Really happy!

真甜！
Really sweet!

真贵！
Really expensive!

真便宜！
Really cheap!

jù xíng liàn xí
句型练习

我们一面吃饭，一面看电视。

他、开车、听音乐 → ________________。

王小文、吃水果、看书 → ________________。

我、打电话、看电视 → ________________。

爷爷真高兴！

这个苹果、大 → ________________！

这条裙子、便宜 → ________________！

三明治、好吃 → ________________！

昨天、冷 → ________________！

爸爸送给妈妈一束花。

哥哥、我、两本、书 → ________________。

我、爷爷、一块、手表 → ________________。

妈妈、我、一条、裙子 → ________________。

爸爸、弟弟、一件、上衣 → ________________。

jù xíng liàn xí
句型练习

水果篮里有苹果、菠萝、香蕉，还有葡萄和草莓。

商店里、西装、上衣、裤子、裙子、鞋

→ ______________________________。

桌子上、汉堡包、薯条、冰淇淋、可乐、橙汁

→ ______________________________。

动物园里、大象、长颈鹿、大熊猫、猴子、蛇

→ ______________________________。

rèn dú zì cí
认读字词

为	wèi	for
开	kāi	to hold, open
生日会	shēng rì huì	birthday party
送给	sòng gěi	to give
件	jiàn	[measure word for clothing and other items such as gifts]
礼物	lǐ wù	present, gift
手表	shǒu biǎo	watch

dì sān shí jiǔ kè yé ye de shēng rì huì

第三十九课 爷爷的生日会

rèn dú zì cí

认读字词

夹克	jiā kè	jacket
束	shù	bunch, sheaf
篮	lán	basket
菠萝	bō luó	pineapple
荔枝	lì zhī	lychee
桃子	táo zi	peach
亲	qīn	to kiss
一面…一面…	yí miàn...yí miàn...	at the same time, simultaneously
健康	jiàn kāng	healthy
真	zhēn	really, truly
高兴	gāo xìng	happy

xí xiě zì

习写字

爷 yé paternal grandfather
丿 八 父 父 爷 爷

给 gěi to give, present
𠃋 纟 纟 纟 纵 纵 给 给 给

高 gāo high
丶 亠 亠 亠 亠 亠 高 高 高 高

兴 xìng happy
丶 丷 丷 兴 兴 兴

dì sì shí kè　yì nián yǒu sì jì

第四十课　一年有四季

dì sì shí kè　yì nián yǒu sì jì

第四十课　一年有四季

dì sì shí kè yì nián yǒu sì jì

第四十课 一年有四季

dì sì shí kè　yì nián yǒu sì jì

第四十课　一年有四季

dì sì shí kè yì nián yǒu sì jì

第四十课 一年有四季

dì sì shí kè　yì nián yǒu sì jì
第四十课　一年有四季

shì shi kàn
试试看 Challenge

春天来了，天气暖和了。我看见很多绿色的树，绿色的草和美丽的花。我还听见小鸟在大树上唱歌（chàng gē）。我喜欢春天。

唱歌： to sing a song

dú yi dú
读一读 I Can Read

táng shī
唐诗

xiǎo
春晓

mián　　xiǎo
春眠不觉晓，
chù chù　　tí
处处闻啼鸟。
　　　　　shēng
夜来风雨声，
　luò zhī
花落知多少。

生词： New Words

唐：	Tang Dynasty	诗：	poem
晓：	morning	眠：	to sleep
处处：	everywhere	啼鸟：	birds' singing
声：	sound	落：	to fall
知：	to know		

Spring Morning

Asleep, unaware of the spring morning,
Listening to the birds singing everywhere,
I heard the wind and the rain at night,
Who knows how many flower petals fell?

dì sì shí kè yì nián yǒu sì jì
第四十课 一年有四季

shùn kǒu liū
顺口溜

zhī dào　　　　　zhī zhī
春天到了我知道，树上鸟儿吱吱叫。

zhī dào
夏天到了我知道，美丽花儿迎风笑。

zhī dào　mǎn dì luò yè　　sǎo
秋天到了我知道，满地落叶我来扫。

zhī dào　　　　　piàn piàn piāo
冬天到了我知道，天上雪花片片飘。

生词： New Words

知道： to know
吱吱： tweet [birds' sound]
满地： everywhere on the ground
落叶： falling leaves
扫： to sweep
片： piece
飘： to float

jù xíng
句型 Sentence Patterns …最喜欢…

你最喜欢什么季节？
What season do you like the most?

我最喜欢春天。
I like spring the most.

你最喜欢什么动物？
What animal do you like the most?

我最喜欢熊猫。
I like the giant panda the most.

你最喜欢上什么课？
Which class do you like the most?

我最喜欢上电脑课。
I like computer class the most.

你最喜欢谁？
Who do you like the most?

我最喜欢我的妈妈。
I like my mom the most.

dì sì shí kè　yì nián yǒu sì jì
第四十课　一年有四季

jù xíng 句型 Sentence Patterns

…为什么…？因为…。

你为什么最喜欢春天？ Why do you like spring the most?	因为春天很暖和，有绿色的草和美丽的花。 Because spring is warm and there is green grass and beautiful flowers.
你为什么最喜欢她？ Why do you like her the most?	因为她对人很好。 Because she is very kind to people.
你为什么最喜欢大熊猫？ Why do you like the giant panda the most?	因为它可爱又漂亮。 Because it is cute and pretty.

jù xíng liàn xí 句型练习

你最喜欢什么季节？

哥哥、动物 → ______________？

妈妈、花 → ______________？

爸爸、吃、水果 → ______________？

王小文、打、球 → ______________？

dì sì shí kè　yì nián yǒu sì jì
第四十课　一年有四季

jù xíng liàn xí
句型练习

我喜欢大熊猫，因为它很可爱。

喜欢、中国饭、好吃 → ______________________。

想、玩电脑游戏、好玩 → ______________________。

想、买那本书，好看 → ______________________。

rèn dú zì cí
认读字词

季节	jì jié	season
春天	chūn tiān	spring
为什么	wèi shén me	why
暖和	nuǎn huo	warm
草	cǎo	grass
夏天	xià tiān	summer
热	rè	hot
室外	shì wài	outdoor
秋天	qiū tiān	autumn

dì sì shí kè yì nián yǒu sì jì
第四十课 一年有四季

rèn dú zì cí
认读字词

凉快	liáng kuai	cool
旅游	lǚ yóu	travel
冬天	dōng tiān	winter
堆雪人	duī xuě rén	to build a snowman
堆	duī	to stack, pile
雪人	xuě rén	snowman

xí xiě zì
习写字

花 huā flower: 一 十 廾 艹 艹 艹 花

草 cǎo grass: 一 十 廾 艹 艹 芇 苩 荁 草

因 yīn cause: 丨 冂 冃 円 冈 因

为 wèi for: 丶 丿 为 为

dì sì shí yī kè　wǒ bìng le

第四十一课　我病了

dì sì shí yī kè　wǒ bìng le

第四十一课　我病了

dì sì shí yī kè wǒ bìng le

第四十一课 我病了

shì shi kàn 试试看 Challenge

我的妹妹很健康，可是，今天早上没有去上学，因为她病了。她头疼，喉咙也疼，还咳嗽。还好她肚子不疼。妈妈带(dài)她去看医生。医生给她量完(wán)体温后说她感冒了，给她开了药，要她饭前先吃药。医生还说她应该多喝水，好好休息。过两天就会好了。我想妹妹很快就可以和我一起去上学。

生词: New Words

带：to bring, take

完：finish

dú yi dú
读一读 I Can Read

小笑话

医生：你哪里不舒服？

病人：我牙疼。

医生：你有蛀牙，需要拔牙。

病人：请问，拔一颗牙要多少钱？

医生：三十块钱。

病人：太贵了！拔一颗牙只要三秒钟，三秒钟就要三十块钱！

医生：我可以慢慢拔，拔半个小时。

生词： New Words

笑话：joke　蛀牙：tooth with a cavity　拔：to pull out

颗：[measure word usually used for small objects]　秒钟：second

jù xíng 句型 Sentence Patterns

…还…

我头疼，喉咙疼，还咳嗽。
I have a headache, a sore throat and a cough.

弟弟喜欢打球、游泳，还喜欢骑车。
Younger Brother likes to play ball, to swim, and he also likes to bike.

白玛丽想吃汉堡包、薯条，还想吃冰淇淋。
BAI Mali wants to eat a hamburger, french fries, and she also wants to eat ice cream.

…不…？

你肚子疼不疼？
Do you have a stomachache?

她的衣服好不好看？
Is her dress beautiful?

这个苹果好不好吃？
Is the apple tasty?

…应该…

要健康，应该多喝水。
To be healthier, you should drink lots of water.

要健康，应该多运动。
To be healthier, you should exercise more.

要健康，应该早睡觉。
To be healthier, you should go to sleep early.

jù xíng liàn xí
句型练习

医生要我每天吃药，多喝水，还有多休息。

李大中想吃苹果、西瓜、香蕉

→ ______________________。

妈妈想买上衣、裙子、裤子

→ ______________________。

白玛丽喜欢打网球、打冰球、游泳

→ ______________________。

你肚子疼不疼？

她的裙子、好看 → ______________________？

明天、暖和 → ______________________？

汉堡包、好吃 → ______________________？

大熊猫、可爱 → ______________________？

大象的耳朵、大 → ______________________？

jù xíng liàn xí
句型练习

我应该饭前吃，还是饭后吃？

她的妈妈是医生、老师

→ ______________________________？

我应该明天去、后天去

→ ______________________________？

白大卫喜欢打篮球、打冰球

→ ______________________________？

你想喝果汁、可乐

→ ______________________________？

rèn dú zì cí
认读字词

病	bìng	sick
舒服	shū fu	comfortable
头疼	tóu téng	headache
疼	téng	pain, ache
喉咙	hóu lóng	throat
咳嗽	ké sou	cough

dì sì shí yī kè wǒ bìng le

第四十一课 我病了

rèn dú zì cí
认读字词

肚子	dù zi	belly, stomach
量	liáng	to measure
体温	tǐ wēn	body temperature
发烧	fā shāo	fever
感冒	gǎn mào	to catch a cold
开	kāi	to offer, prescribe
药	yào	medicine
应该	yīng gāi	should
饭前	fàn qián	before a meal
饭后	fàn hòu	after a meal

xí xiě zì
习写字

病 bìng sick
丶 亠 广 广 疒 疒 疒 疒 病 病

疼 téng pain, ache
丶 亠 广 广 疒 疒 疒 疚 疼 疼

应 yīng should
丶 亠 广 广 广 応 应

该 gāi ought to
丶 讠 讠 讠 讠 诊 该 该

dì sì shí èr kè　　wǒ xǐ huan wǒ de xué xiào

第四十二课　我喜欢我的学校

dì sì shí èr kè　wǒ xǐ huan wǒ de xué xiào

第四十二课　我喜欢我的学校

课文

我的学校很大。一共有三栋教学楼：小学楼、初中楼和高中楼。教学楼里面有很多教室，还有图书馆、餐厅、体育馆、游泳池、剧院和办公室。我最喜欢去图书馆看书，因为那里有很多好书。有的是中文书，有的是英文书，还有法文书。

教学楼外面是运动场。我们一共有四个球场：足球场、棒球场、篮球场和网球场。我很喜欢踢足球，所以下午放学以后，常常和朋友们一起去踢球。

我的学校不但很大，而且很漂亮。校园里到处都是绿绿的草和五颜六色的花，十分美丽。

我喜欢我的学校。

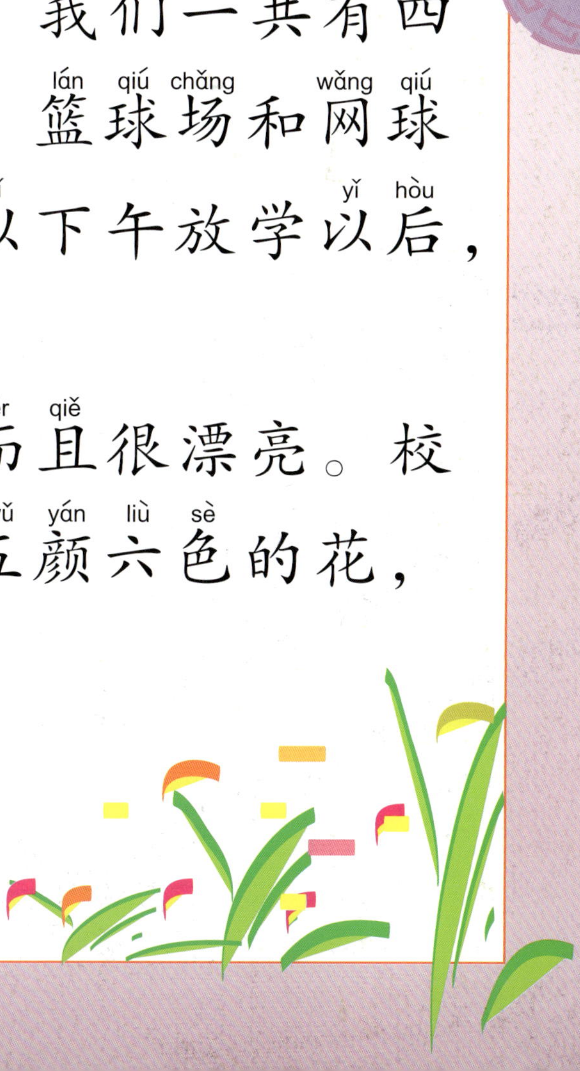

dì sì shí èr kè　wǒ xǐ huan wǒ de xué xiào

第四十二课　我喜欢我的学校

shì shi kàn

试试看 Challenge

我叫王小文。我上大华小学六年级。我很喜欢看书，所以每天都去图书馆。那里有很多好书，有中文书，英文书，还有法文书。我还喜欢做运动。学校里有一个很大的运动场。下课以后，我常常和朋友们一起去打球。运动场上有很多人，有的踢足球，有的打篮球，还有的打棒球。我喜欢我的学校，你喜欢你的学校吗？

dú yi dú

读一读 I Can Read

Read the passage and fill in the map with the correct building names.

我在大华小学上学。我的学校很漂亮。

走进(jìn)校门，可以看到一个很大的运动场。运动场的旁边是一座(zuò)体育馆。下雨的时候，我们在

dú yi dú
读一读 I Can Read

体育馆里上体育课。运动场的对面有三栋教学楼，我们在教学楼里上课。体育馆的对面是一个很大的图书馆。教学楼的后面是礼堂（lǐ táng），我们在那里开会、演出（yǎn chū）。校门的右边是停车场（tíng chē chǎng），我们的校车都停在那里。

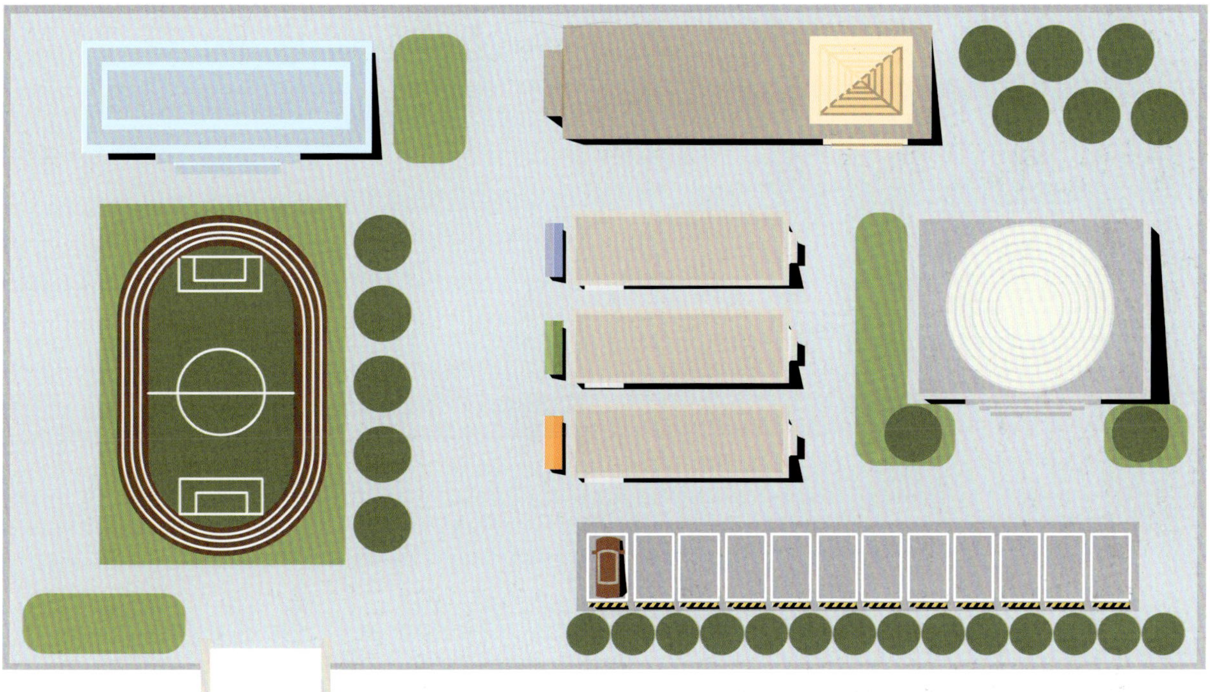

生词：New Words

走进：	to enter	座：	[measure word for building]
礼堂：	assembly hall	开会：	to have a meeting
演出：	performance, show	停车场：	parking lot

dì sì shí èr kè　wǒ xǐ huan wǒ de xué xiào

第四十二课　我喜欢我的学校

jù xíng 句型 Sentence Patterns

…不但…，而且…

我的学校不但很大，而且很漂亮。
My school is not only very big, but also very pretty.

我的弟弟不但聪明，而且可爱。
My younger brother is not only smart but also cute.

妈妈的鞋子不但好看，而且舒服。
Mom's shoes are not only good-looking, but also comfortable.

…到处…

校园里到处是绿绿的草和五颜六色的花。
Green grass and colorful flowers are all over campus.

街上到处都是人。
There are people all over the street.

妹妹的房间里到处是玩具。
There are toys all over Younger Sister's room.

有的…，有的…，还有的…

运动场上有很多人，有的踢足球，有的打篮球，还有的打网球。
There are many people on the sports ground. Some are playing soccer, some are playing basketball and some are playing tennis.

房间里有很多人，有的人在看电视，有的人在玩电脑，还有的人在看书。
There are many people in the room. Some are watching TV, some are playing computer games and some are reading.

dì sì shí èr kè　wǒ xǐ huan wǒ de xué xiào
第四十二课　我喜欢我的学校

jù xíng liàn xí
句型练习

学校一共有四个球场：足球场、棒球场、篮球场和网球场

我家、有四个人、爸爸、妈妈、哥哥、我

→ ______________________________。

妈妈、买了三种水果、葡萄、荔枝、西瓜

→ ______________________________。

王老师、会说三种语言、华语、英语、法语

→ ______________________________。

我的学校不但很大，而且很漂亮。

李大中、会打篮球、会打棒球

→ ______________________________。

明天、不冷、很暖和

→ ______________________________。

王小文、会说英语、会说法语

→ ______________________________。

dì sì shí èr kè　wǒ xǐ huan wǒ de xué xiào
第四十二课　我喜欢我的学校

rèn dú zì cí
认读字词

栋	dòng	[measure word for buildings]
教学楼	jiào xué lóu	academic building
初中	chū zhōng	middle school
高中	gāo zhōng	high school
餐厅	cān tīng	cafeteria
体育馆	tǐ yù guǎn	gymnasium, sports arena
游泳池	yóu yǒng chí	swimming pool
剧院	jù yuàn	theater
办公室	bàn gōng shì	office
运动场	yùn dòng chǎng	sports ground
足球场	zú qiú chǎng	soccer field
棒球场	bàng qiú chǎng	baseball field
篮球场	lán qiú chǎng	basketball court
网球场	wǎng qiú chǎng	tennis court
所以	suǒ yǐ	therefore
以后	yǐ hòu	after

dì sì shí èr kè　wǒ xǐ huan wǒ de xué xiào
第四十二课　我喜欢我的学校

rèn dú zì cí
认读字词

常常	cháng cháng	often, frequently
不但	bú dàn	not only
而且	ér qiě	but also
到处	dào chù	everywhere
五颜六色	wǔ yán liù sè	colorful

xí xiě zì
习写字

楼 lóu building, floor

但 dàn but

馆 guǎn building

场 chǎng ground

dì sì shí sān kè　yùn dòng huì

第四十三课　运动会

dì sì shí sān kè　yùn dòng huì

第四十三课　运动会

kè wén

课文

rì jì

日记

二〇〇八年五月三十日　星期五　晴

yùn dòng huì　yùn dòng huì　sài
今天学校开运动会。运动会上有赛
pǎo　tiào gāo　tiào yuǎn　tóu qiān qiú
跑、跳高、跳远、投铅球，还有游泳。
cān jiā　sài pǎo　pǎo de　dé
李大中参加了赛跑，他跑得最快，得了
dì　míng　cān jiā　tiào gāo bǐ sài　tiào
第一名。白大卫参加了跳高比赛，他跳
de　dé　dì　míng　cān jiā
得最高，也得了第一名。白玛丽参加了
tiào yuǎn bǐ sài　dé　dì　míng　cān jiā
跳远比赛，她得了第三名。我参加了游
bǐ sài　dé　dì　míng
泳比赛，得了第二名，我真高兴。

cān jiā　tóu qiān qiú　bǐ sài　kě shì
王小文应该参加投铅球比赛，可是
cān jiā bǐ sài
因为她病了，所以没有参加比赛。

dì sì shí sān kè yùn dòng huì

第四十三课 运动会

shì shi kàn

试试看 Challenge

今天是二零零八年五月十六日，星期五。今天天气很好。因为学校要开运动会，所以我们不上课。我参加了游泳比赛，李大中也参加了游泳比赛。我比他游得快，我得了第一名，他得了第二名。白玛丽参加了跳高比赛，得了第三名。王小文没有参加比赛，因为她参加了啦啦队（lā lā duì），她为我们加油（jiā yóu）。

生词：New Words

啦啦队：cheerleading team

加油：Go team! (a cheer at sports events)

dì sì shí sān kè　yùn dòng huì

第四十三课　运动会

dú yi dú

读一读　I Can Read

ào

奥运会每四年开一次，每次在不同的国家

jǔ xíng　ào　xiàng mù

举行。奥运会有很多比赛项目：赛跑、游泳、

tǐ cāo

篮球、足球、网球、体操等。在比赛中得第一

yuán　jīn pái　yuán

名的运动员会得到金牌，第二名的运动员会得

yín pái　yuán　tóng pái

到银牌，第三名的运动员会得到铜牌。你最喜

欢看什么比赛？你最喜欢的运动员是谁？

jǔ xíng

二零零八年的奥运会在中国举行。

生词：New Words

奥运会：The Olympic Games	项目：item
体操：gymnastics	运动员：athlete
金牌：gold medal	银牌：silver medal
铜牌：bronze medal	举行：to hold an event

dì sì shí sān kè yùn dòng huì

第四十三课 运动会

jù xíng

句型 Sentence Patterns

…开…

学校里开运动会。
The school is holding a sports meet.

爷爷家里开生日会。
A birthday party is being held at Grandpa's house.

我们开班会。
We are holding a class meeting.

de

…得…

李大中跑得快。
LI Dazhong runs very fast.

白玛丽跳得远。
BAI Mali jumps very far.

王小文游得最快。
WANG Xiaowen swims the fastest.

我们玩得很高兴。
We have a lot of fun.

因为…所以…

因为她病了，所以没有参加比赛。
Because she was sick, she did not participate in the competition.

因为下雨了，所以运动会没有举行。
Because it rained, the sports meet did not take place.

因为春天到了，所以天气暖和了。
Because spring is here, the weather has become warm.

jù xíng
句型 Sentence Patterns

dé
…得…

白大卫得了第一名。
BAI Dawei won first place.
白玛丽得了第三名。
BAI Mali won third place.
篮球队得了金牌。
The basketball team won the gold medal.
王小文得了感冒。
WANG Xiaowen caught a cold.

…参加…

我参加了游泳比赛。
I participated in the swim meet.
他参加了跳远比赛。
He participated in the long jump.
她没有参加比赛。
She did not participate in the competition.
李大中参加了运动会。
LI Dazhong participated in the sports meet.

dì sì shí sān kè 第四十三课　yùn dòng huì 运动会

jù xíng liàn xí 句型练习

他跑得快。

我跳得最远。

我、游、快→ ______________________。

她、跑、最快→ ______________________。

妹妹、走、很慢→ ______________________。

小鸟、飞、高→ ______________________。

我参加了游泳比赛。

白大卫、投铅球→ ______________________。

她、跳远→ ______________________。

他、跳高→ ______________________。

jù xíng liàn xí
句型练习

因为她病了，所以没有参加比赛。

王小文发烧了、没有上课

→ ________________。

天气不好、我们没有去公园

→ ________________。

我喜欢踢足球、天天和朋友踢球。

→ ________________。

我得了第一名。

白大卫、第三名 → ________________。

哥哥、第二名 → ________________。

她、感冒 → ________________。

啦啦队、银牌 → ________________。

rèn dú zì cí
认读字词

运动会	yùn dòng huì	sports meet, sports day
日记	rì jì	journal, diary
赛跑	sài pǎo	running race
跳高	tiào gāo	high jump
跳远	tiào yuǎn	long jump
远	yuǎn	far
投	tóu	to throw, toss
铅球	qiān qiú	shot (as in "shot put")
参加	cān jiā	to participate, take part in
跑	pǎo	to run
得	de	[a grammatical word]
得	dé	to gain, receiv
第…名	dì...míng	to be in(num.) place
比赛	bǐ sài	match, competition, game
跳	tiào	to jump
可是	kě shì	but,yet,however

第四十三课 运动会

xí xiě zì
习写字

运 yùn to move
一 二 𠄞 云 䒤 运 运

第 dì number [a numeral word]
丿 𠂉 𥫗 𥫗 𥫗 𥫗 竺
竺 笃 第 第

开 kāi to hold, open
一 二 于 开

远 yuǎn far
一 二 テ 元 ⻍元 远 远

dì sì shí sì kè　wǒ de shè qū

第四十四课　我的社区

dì sì shí sì kè wǒ de shè qū

第四十四课 我的社区

dì sì shí sì kè wǒ de shè qū

第四十四课 我的社区

这是我住的社区。这些都是我的家人和朋友。这是银行，我的妈妈在银行工作。银行的旁边是邮局，我的好朋友白玛丽正在寄信。

医院在银行的后面。我的爸爸在医院工作，他是一个医生。医院的右边是一家咖啡店，我爸爸喜欢在那里喝咖啡。

快餐店在医院的左边。星期天的中午，哥哥和我常常去快餐店吃汉堡包和薯条，然后我们一起去看电影，因为电影院就在对面。这是超市，奶奶常常带我和小妹妹一起去买东西。妹妹最喜欢买巧克力和冰淇淋。她还喜欢买玩具。

好了，我说完了。谢谢大家！

dì sì shí sì kè wǒ de shè qū

第四十四课 我的社区

dì sì shí sì kè wǒ de shè qū

第四十四课 我的社区

shì shi kàn

试试看 Challenge

我住的社区很大，很漂亮。社区里有学校、超市、医院、邮局、银行、快餐店、餐馆、电影院、公园和运动场。星期一到星期五我去学校上课。星期六上午，我常常和爸爸一起去运动场踢足球。下午我喜欢和姐姐去电影院看电影。爸爸妈妈这时候会去超市买东西。星期天，我们常常去餐馆吃饭。我喜欢我的社区。你的社区怎么样？你喜欢你的社区吗？

dì sì shí sì kè wǒ de shè qū

第四十四课 我的社区

dú yi dú

读一读 I Can Read

请问奶奶在哪里？鲜(xiān)花店里买玫(méi)瑰(guī)。

请问爸爸在哪里？水果店里买草莓。

请问姐姐在哪里？冷饮(yǐn)店里喝果汁。

请问爷爷在哪里？咖啡店里看杂(zá)志(zhì)。

请问妈妈在哪里？文(wén)具(jù)店里买书包。

请问哥哥在哪里？快餐店里吃汉堡。

生词：New Words

鲜：fresh

玫瑰：rose

冷饮：cold drink

杂志：magazine

文具：stationery

dì sì shí sì kè wǒ de shè qū

第四十四课 我的社区

jù xíng 句型 Sentence Patterns …在…工作…

我的妈妈在银行工作。
My mom works for a bank.

我的爸爸在医院工作。
My dad works for a hospital.

他的哥哥在邮局工作。
His elder brother works at the post office.

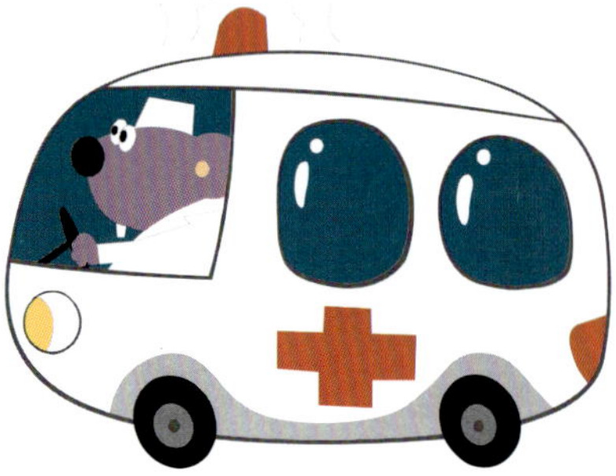

…正在…

我的好朋友白玛丽正在寄信。
My good friend BAI Mali is mailing a letter right now.

王小文的爸爸正在喝咖啡。
WANG Xiaowen's dad is having coffee at the moment.

弟弟正在快餐店吃汉堡包和薯条。
Younger Brother is having a hamburger and french fries at a fast food restaurant now.

哥哥正在电影院看电影。
Elder Brother is watching a movie at the movie theater.

奶奶正在超市里买东西。
Grandma is shopping at the supermarket.

jù xíng liàn xí
句型练习

我忘了带钱。

白大卫、写、作业

→ ____________________。

哥哥、寄、信

→ ____________________。

王小文、去、白玛丽的生日会

→ ____________________。

爸爸、参加、我的运动会

→ ____________________。

我正在写信。

白大卫、打电话 → ____________________。

王老师、看书 → ____________________。

她的妹妹、玩游戏 → ____________________。

dì sì shí sì kè　wǒ de shè qū

第四十四课　我的社区

jù xíng liàn xí

句型练习

吃完药再吃饭。

做、作业、玩电脑 → ______________________。

唱、生日快乐歌、吃蛋糕 → ______________________。

上、课、打球 → ______________________。

rèn dú zì cí

认读字词

社区	shè qū	community, neighborhood
作业	zuò yè	homework
画	huà	to draw
图	tú	picture
非常	fēi cháng	very, extremely
这些	zhè xiē	these
银行	yín háng	bank
旁边	páng biān	beside,next to
邮局	yóu jú	post office
正在	zhèng zài	in the process of
寄	jì	to send

dì sì shí sì kè wǒ de shè qū
第四十四课 我的社区

rèn dú zì cí
认读字词

信	xìn	letter
医院	yī yuàn	hospital
咖啡店	kā fēi diàn	cafe
咖啡	kā fēi	coffee
快餐店	kuài cān diàn	fast food restaurant
快餐	kuài cān	fast food
中午	zhōng wǔ	noon
电影	diàn yǐng	movie
电影院	diàn yǐng yuàn	cinema, movie theater
对面	duì miàn	opposite, across from
超市	chāo shì	supermarket
带	dài	to bring, carry
巧克力	qiǎo kè lì	chocolate
完	wán	end, finish
忘	wàng	to forget
地方	dì fang	place
对了	duì le	by the way(used to start a new topic)
哦	ò	Oh! [expression]

xí xiě zì
习写字

店 diàn shop
丶 亠 广 广 庐 庐 店 店

得 de [a grammatical word]
丿 彳 彳 彳 彳 彳 彳 彳 徨 得 得

完 wán to finish
丶 丶 宀 宀 宁 宇 完

忘 wàng to forget
丶 亠 亡 亡 忘 忘 忘

dì sì shí wǔ kè　nǐ yǒu shén me ài hào

第四十五课　你有什么爱好？

dì sì shí wǔ kè　nǐ yǒu shén me ài hào

第四十五课　你有什么爱好？

dì sì shí wǔ kè nǐ yǒu shén me ài hào

第四十五课 你有什么爱好？

dì sì shí wǔ kè　nǐ yǒu shén me ài hào

第四十五课　你有什么爱好？

dì sì shí wǔ kè nǐ yǒu shén me ài hào

第四十五课 你有什么爱好？

shì shi kàn
试试看 Challenge

这是我的好朋友白玛丽。她喜欢唱歌，参加了学校的合唱团。除了唱歌以外，她还喜欢跳舞和弹钢琴。她每天都要练习弹钢琴。周末的时候，她喜欢和朋友一起出去玩。

白大卫也是我的好朋友。他不喜欢唱歌，也不喜欢跳舞，他喜欢画画，还喜欢听音乐。他常常一边听音乐一边画画。除了画画和听音乐以外，他还喜欢上网和看书。他喜欢看故事书和漫画。

他叫李大中，是我的同学。他是个运动迷。他喜欢踢足球、打篮球，还喜欢游泳。他参加了学校的足球队。他每天放学以后都要和朋友一起踢足球。他很喜欢看足球比赛，是一个足球迷。除了运动以外，他还喜欢看电视，他最喜欢看功夫片。

dì sì shí wǔ kè nǐ yǒu shén me ài hào

第四十五课 你有什么爱好？

我叫王小文。我的爱好很多。我喜欢拉小提琴，参加了学校的乐团。我也喜欢运动，放学以后，常常和朋友一起打网球。我还喜欢旅游，常常和爸爸妈妈一起去旅游。我去过很多国家。

你有什么爱好？

dú yi dú 读一读 I Can Read

yáo kòng lí
奶奶是个“电视迷”，电视遥控不离手。
jīng jù
爷爷是个“京剧迷”，京剧天天不离口。
爸爸是个“篮球迷”，篮球比赛天天看。
哥哥是个“电脑迷”，玩起游戏忘吃饭。
弟弟是个“漫画迷”，常常看得笑开口。
gòu
妈妈是个“音乐迷”，CD总是买不够。
hǎi bào
姐姐是个“电影迷”，房间贴满大海报。
chǎo nào
妹妹是个“玩具迷”，有了玩具不吵闹。

dì sì shí wǔ kè nǐ yǒu shén me ài hào

第四十五课 你有什么爱好？

生词： New Words

遥控： TV remote

京剧： Peking Opera

吵闹： noisy; to quarrel noisily

离： to leave, without

海报： poster

jù xíng

句型 Sentence Patterns …过…

王小文去过很多国家。
WANG Xiaowen has been to many countries.

他读过很多书。
He has read a lot of books.

她看过很多电影。
She has watched a lot of movies.

他玩过很多电脑游戏。
He has played a lot of computer games.

除了…以外，还…

除了看书以外，我还喜欢打网球。
Besides reading, I like playing tennis as well.

除了唱歌以外，我还喜欢跳舞和弹钢琴。
Besides singing, I like dancing and playing piano as well.

除了苹果以外，我还喜欢吃香蕉和橘子。
Besides apples, I like bananas and oranges as well.

dì sì shí wǔ kè　nǐ yǒu shén me ài hào
第四十五课　你有什么爱好？

jù xíng 句型　Sentence Patterns 一边……一边……

我常常一边听音乐，一边画画。
I often listen to music while drawing.

他一边看电视，一边吃水果。
He is watching TV and eating fruit at the same time.

她一边弹钢琴，一边唱歌。
She plays piano while singing.

jù xíng liàn xí 句型练习

他除了喜欢唱歌以外，还喜欢跳舞。

王小文、喜欢看电视、____看电影

→ ______________________________。

爸爸、喜欢打球、____看书

→ ______________________________。

弟弟、想吃汉堡包、____薯条

→ ______________________________。

妹妹、会打乒乓球、____打网球

→ ______________________________。

dì sì shí wǔ kè nǐ yǒu shén me ài hào
第四十五课 你有什么爱好？

jù xíng liàn xí
句型练习

我们一边看电视，一边吃饭。

哥哥、玩电脑、听音乐 → ________________。

王小文、吃苹果、看书 → ________________。

她的妹妹、唱歌、玩游戏

→ ________________。

rèn dú zì cí
认读字词

爱好	ài hào	hobby
唱歌	chàng gē	to sing
合唱团	hé chàng tuán	chorus
除了…以外，还…	chú le...yǐ wài, hái...	besides...also...
跳舞	tiào wǔ	to dance
练习	liàn xí	to practice
弹	tán	to play (an instrument)
钢琴	gāng qín	piano
周末	zhōu mò	weekend
出去	chū qù	to go out
画画	huà huà	drawing
一边…一边…	yìbiān...yìbiān...	at the same time, simultaneously
上网	shàng wǎng	go online

dì sì shí wǔ kè　nǐ yǒu shén me ài hào
第四十五课　你有什么爱好？

rèn dú zì cí
认读字词

故事书	gù shi shū	story book
漫画	màn huà	cartoon,comic book
队	duì	team, group
迷	mí	fan
节目	jié mù	program
功夫片	gōng fu piàn	kung fu movie
拉	lā	to play (a stringed instrument)
小提琴	xiǎo tí qín	violin
乐团	yuè tuán	orchestra

xí xiě zì
习写字

唱 chàng to sing
唱

歌 gē song
歌

跳 tiào to jump
跳

队 duì team
队

dì sì shí liù kè　shí èr shēng xiào

第四十六课　十二生肖

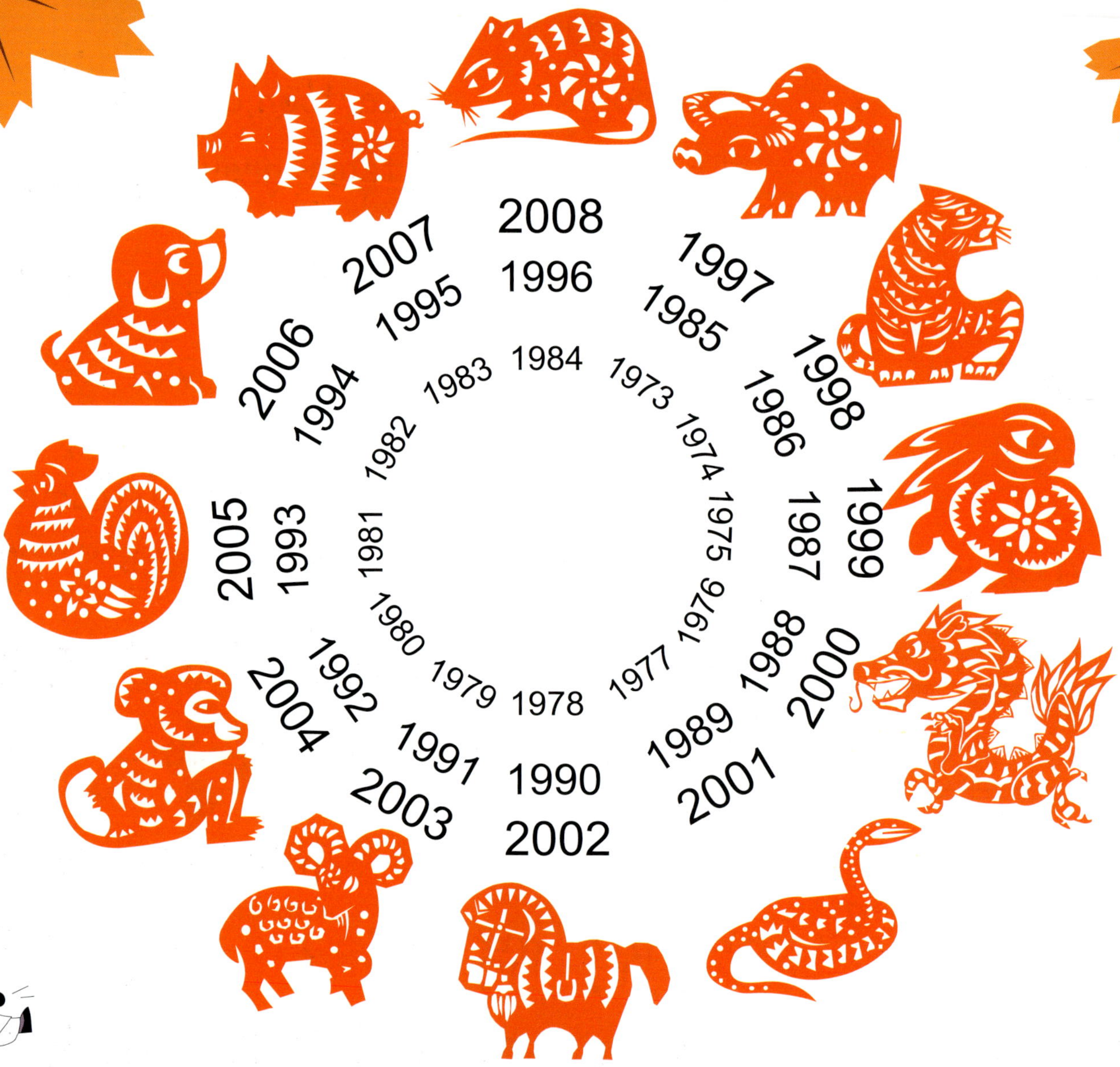

第四十六课　十二生肖

课文

你们知道中国的十二生肖吗？“生肖”也叫“属相”，一共有十二种动物。第一个生肖是鼠，第二个是牛，第三个是虎，然后是兔、龙、蛇、马、羊、猴、鸡、狗和猪。每一年用一种动物来表示。今年是2008年，今年是鼠年。去年是猪年，明年是牛年。中国人很喜欢十二生肖，因为每种动物都有不同的个性。老鼠、蛇和猴子非常聪明；老虎很勇敢；羊很温顺；兔子很可爱；猪非常大方；牛和鸡非常勤快；狗很诚实。它们都是我们的好朋友。龙是神话里的动物，也是中国的象征。我2000年出生，我属龙。我的爸爸属狗，我的妈妈属牛，我的妹妹属马。请问，你哪一年生的？你属什么？在十二生肖里，你喜欢哪种动物？

试试看 (shì shi kàn) Challenge

老鼠前面走，跟(gēn)着老黄牛。老虎一声吼(shēng hǒu)，兔子抖(dǒu)三抖(dǒu)。天上龙在游，草里蛇在扭(niǔ)。马儿过山坡(shān pō)，碰见羊老头。猴子翻跟(fān gēn)头，金鸡喊加油(hǎn jiā yóu)。黄狗半夜(yè)守(shǒu)门口，猪哥整(zhěng)天睡不够(gòu)。

生词：New Words

跟着： to follow

声： sound

吼： to roar

抖： to tremble

扭： to twist

山坡： slope

翻跟头： to make a somersault

喊： to shout

夜： night

守： to guard

加油： Go team!(a cheer at sports events)

够： enough

整： whole

读一读 (dú yi dú) I Can Read

十二生肖的故事

很久(jiǔ)以前，猫和老鼠是很好的朋友。

有一天，所有的动物都收(shōu)到了一封(fēng)信，信

dì sì shí liù kè　shí èr shēng xiào

第四十六课　十二生肖

上说动物要开一次大会，最早到的十二种动物会成为十二个年号。

猫爱睡觉，它担心开会那天起不来。老鼠对猫说："明天早上我会叫你起床！"猫放心睡觉去了。

第二天，老鼠起得很早。它想叫醒猫，但是它又想：我和猫一起到，就分不清谁是第一谁是第二了。老鼠悄悄地走了。

老鼠第一个到，所以就是十二生肖的老大。接着是牛、虎、兔、龙、蛇、马、羊、猴、鸡和狗，猪跑得最慢，得到了第十二名。

猫很晚才起床。等它到的时候已经晚了。所以没有分到年号。

为了这件事，猫非常生气。它和老鼠不再是好朋友了。从此以后，猫见了老鼠就追，想吃老鼠。

dì sì shí liù kè shí èr shēng xiào

第四十六课 十二生肖

生词： New Words

久： long

封： [measure word for letters (mail)]

担心： to worry about

分不清： unable to distinguish

生气： angry

收： to receive

年号： the year's Zodiac sign

叫醒： to wake up

悄悄： quietly

追： to chase

jù xíng 句型 Sentence Patterns

…属…

你属什么？
What is your Chinese Zodiac sign?

你的属相是什么？
What is your Chinese Zodiac sign?

我属龙。
I am a dragon.

我的属相是虎。
My Chinese Zodiac sign is the Tiger.

…是…象征

龙是中国的象征。
The dragon is a symbol of China.

yīng huā
樱花是日本的象征。
The cherry blossom is a symbol of Japan.

bái gōng
白宫是美国的象征。
The White House is a symbol of America.

生词： New Words

樱花： cherry blossom

白宫： the White House

dì sì shí liù kè　shí èr shēng xiào

第四十六课　十二生肖

jù xíng 句型 Sentence Patterns …哪种…

你喜欢哪种动物？ What kind of animal do you like?	我喜欢小兔子。 I like rabbits.
你喜欢哪种运动？ What kind of sports do you like?	我喜欢打篮球。 I like to play basketball.
你喜欢哪种水果？ What kind of fruit do you like?	我喜欢苹果。 I like apples.

jù xíng liàn xí 句型练习

鸡比猪勤快。

虎、羊、勇敢 → ________________________。

兔子、蛇、可爱 → ________________________。

猴子、牛、聪明 → ________________________。

狗、老鼠、诚实 → ________________________。

马、龙、温顺 → ________________________。

jù xíng liàn xí
句型练习

我属龙。

我的爸爸、虎 → ____________________。

白大卫、蛇 → ____________________。

王小文、兔 → ____________________。

龙象征中国。

蓝色、冷 → ____________________。

红色、热 → ____________________。

绿色、凉快 → ____________________。

dì sì shí liù kè　shí èr shēng xiào
第四十六课　十二生肖

rèn dú zì cí
认读字词

生肖	shēng xiào	Chinese Zodiac
知道	zhī dào	to know
属相	shǔ xiàng	Zodiac sign
种	zhǒng	kind
鼠	shǔ	mouse
牛	niú	ox
龙	lóng	dragon
马	mǎ	horse
羊	yáng	goat, sheep
鸡	jī	chicken
猪	zhū	pig
表示	biǎo shì	to express, mean
去年	qù nián	last year
明年	míng nián	next year
同	tóng	same; alike, similar
个性	gè xìng	character, personality
聪明	cōng míng	smart
勇敢	yǒng gǎn	brave,courageous

dì sì shí liù kè shí èr shēng xiào
第四十六课 十二生肖

rèn dú zì cí 认读字词

温顺	cōng míng	brave, courageous
大方	dà fang	generous
勤快	qín kuai	industrious
诚实	chéng shí	honest
神话	shén huà	myth, fairy tale
象征	xiàng zhēng	symbol
出生	chū shēng	to be born
生	shēng	to be born
属	shǔ	to belong to

xí xiě zì 习写字

牛	niú ox	丿 𠂉 ⺧ 牛
羊	yáng goat, sheep	丶 丷 䒑 䒑 兰 羊
猪	zhū pig	丿 ⺨ 犭 犭一 犭十 犭土 犭耂 犭者 猪 猪 猪
狗	gǒu dog	丿 ⺨ 犭 犭丿 犭勹 犭句 狗 狗

dì sì shí qī kè wǒ de jià qī

第四十七课 我的假期

dì sì shí qī kè wǒ de jià qī

第四十七课 我的假期

第四十七课（dì sì shí qī kè） 我的假期（wǒ de jià qī）

我和爸爸妈妈一起去中国旅游了。我们在那里玩了两个星期。

我们参观（cān guān）了故宫（gù gōng）、长城（cháng chéng），看到了可爱的大熊猫，还吃了很多好吃的中国菜。

看！这是我们拍（pāi）的照片（zhào piàn）。

看起来真好玩！如果有机会（jī huì），我也想去！

第四十七课　我的假期

玛丽，你的暑假过得怎么样？
还可以。我和朋友们常常在一起打球、玩电脑游戏，还有看电影。我还在社区里做义工。
你做什么义工？
我在社区的老人院做义工。陪老人聊天、帮老人整理房间，还帮他们写信。
电影

dì sì shí qī kè wǒ de jià qī

第四十七课 我的假期

dì sì shí qī kè wǒ de jià qī
第四十七课 我的假期

shì shi kàn
试试看 Challenge

我叫王小文，今年十一岁。我喜欢暑假。今年暑假我们一家人去中国旅游了。我们在那里玩了两个星期，参观了故宫、长城，去动物园看了可爱的大熊猫，还吃了北京烤鸭和很多好吃的中国菜，我们玩得很高兴。

我的好朋友白大卫和他的爸爸妈妈今年暑假去海边度假了。他们在那里游泳、晒太阳、打球。白大卫很喜欢在海边度假。他打算明年还去那里过暑假。

白玛丽没有去旅游。她和她的好朋友常常在一起打球、玩电脑游戏、还有看电影。她也在社区的老人院做义工，陪老人聊天，帮他们整理房间，还帮老人写信。

李大中参加了夏令营。他上午上中国文化课，下午参加体育活动，周末去旅游参观。

dì sì shí qī kè wǒ de jià qī

第四十七课 我的假期

生词：New Words

北京烤鸭：Peking Duck

读一读 I Can Read

dú yi dú

kǎo yā

假期你想去哪里？想去中国吃烤鸭。

吃完烤鸭去哪里？想去日本看樱花。

xiāng cháng

看完樱花去哪里？想去德国吃香肠。

là jiàng

吃完香肠去哪里？想去韩国买辣酱。

买完辣酱去哪里？想去美国游白宫。

wèi bīng

游完白宫去哪里？想去英国看卫兵。

tiě tǎ

看完卫兵去哪里？想去法国看铁塔。

看完铁塔去哪里？看完铁塔就回家。

生词：New Words

烤鸭：roast duck

香肠：sausage

辣酱：spicy sauce

卫兵：guard

铁塔：iron tower (Eiffel Tower)

jù xíng
句型 Sentence Patterns …过得…

你的暑假过得怎么样？ How was your summer vacation?	我的暑假过得很好。 My summer vacation was very good. 我的暑假过得还可以。 My summer vacation was OK. 我的暑假过得不太好。 My summer vacation was not very good.

去…了

你去哪里玩了？ Where did you go?	我去海边度假了。 I went to the beach for my vacation. 我去中国旅游了。 I traveled to China for the holidays. 我去加拿大滑雪了。 I went to Canada to ski.
你去旅游了吗？ Did you go travel?	我去了。 Yes, I did.
你去参观故宫了吗？ Did you visit the Forbidden City?	我没有去。 No, I didn't.
你去看大熊猫了吗？ Did you go to see the giant panda?	没有。我没有去看大熊猫。 No. I did not go to see the giant panda.

jù xíng liàn xí
句型练习

如果有机会我也想去中国旅游。

中国菜、吃吃看 → ______________________。

红色的、穿穿看 → ______________________。

功夫课、学一学 → ______________________。

钱、买一个 → ______________________。

你的暑假过得怎么样？

她的寒假、过 → ______________________。

弟弟的画、画 → ______________________。

哥哥的网球、打 → ______________________。

白大卫的足球赛、比

→ ______________________。

dì sì shí qī kè　wǒ de jià qī
第四十七课　我的假期

jù xíng liàn xí
句型练习

我打算明天去看电影。

李大中、暑假、去美国旅游

→ ＿＿＿＿＿＿＿＿＿＿＿＿＿＿＿＿＿。

妈妈、明天、去超市买东西

→ ＿＿＿＿＿＿＿＿＿＿＿＿＿＿＿＿＿。

你、哪一天、去动物园玩

→ ＿＿＿＿＿＿＿＿＿＿＿＿＿＿＿＿＿？

rèn dú zì cí
认读字词

假期	jià qī	holiday, vacation
久	jiǔ	long
暑假	shǔ jià	summer vacation
海边	hǎi biān	seashore
海	hǎi	sea, ocean
度假	dù jià	take a vacation
晒	shài	to bask in the sun, tan
太阳	tài yáng	the sun
参观	cān guān	to visit (a place)

dì sì shí qī kè wǒ de jià qī

第四十七课 我的假期

rèn dú zì cí

认读字词

故宫	gù gōng	the Forbidden City
长城	cháng chéng	the Great Wall
拍	pāi	to take (a photo)
照片	zhào piàn	photograph, picture
机会	jī huì	chance, opportunity
义工	yì gōng	volunteer
老人院	lǎo rén yuàn	elderly home
老人	lǎo rén	the aged
陪	péi	to accompany
聊天	liáo tiān	to chat
帮	bāng	to help
整理	zhěng lǐ	to clean up, tidy up
打算	dǎ suàn	to intend to, plan to
寒假	hán jià	winter vacation
滑雪	huá xuě	to ski

dì sì shí qī kè　wǒ de jià qī
第四十七课　我的假期

rèn dú zì cí
认读字词

夏令营	xià lìng yíng	summer camp
文化	wén huà	culture
各种	gè zhǒng	varied, various
活动	huó dòng	activity

xí xiě zì
习写字

假 jià holiday, vacation

暑 shǔ hot

寒 hán cold

海 hǎi sea

dì sì shí bā kè　rèn shi zhōng guó

第四十八课　认识中国

dì sì shí bā kè rèn shi zhōng guó
第四十八课 认识中国

第四十八课(dì sì shí bā kè) 认识中国(rèn shi zhōng guó)

这本介绍(jiè shào)中国地理(dì lǐ)的书有很多关于(guān yú)中国的资料(zī liào)。中国在亚洲(yà zhōu)的东部(bù)，是亚洲(yà zhōu)最大的国家。中国的面积(miàn jī)有960万(wàn)平(píng)方公(fāng gōng)里(lǐ)。

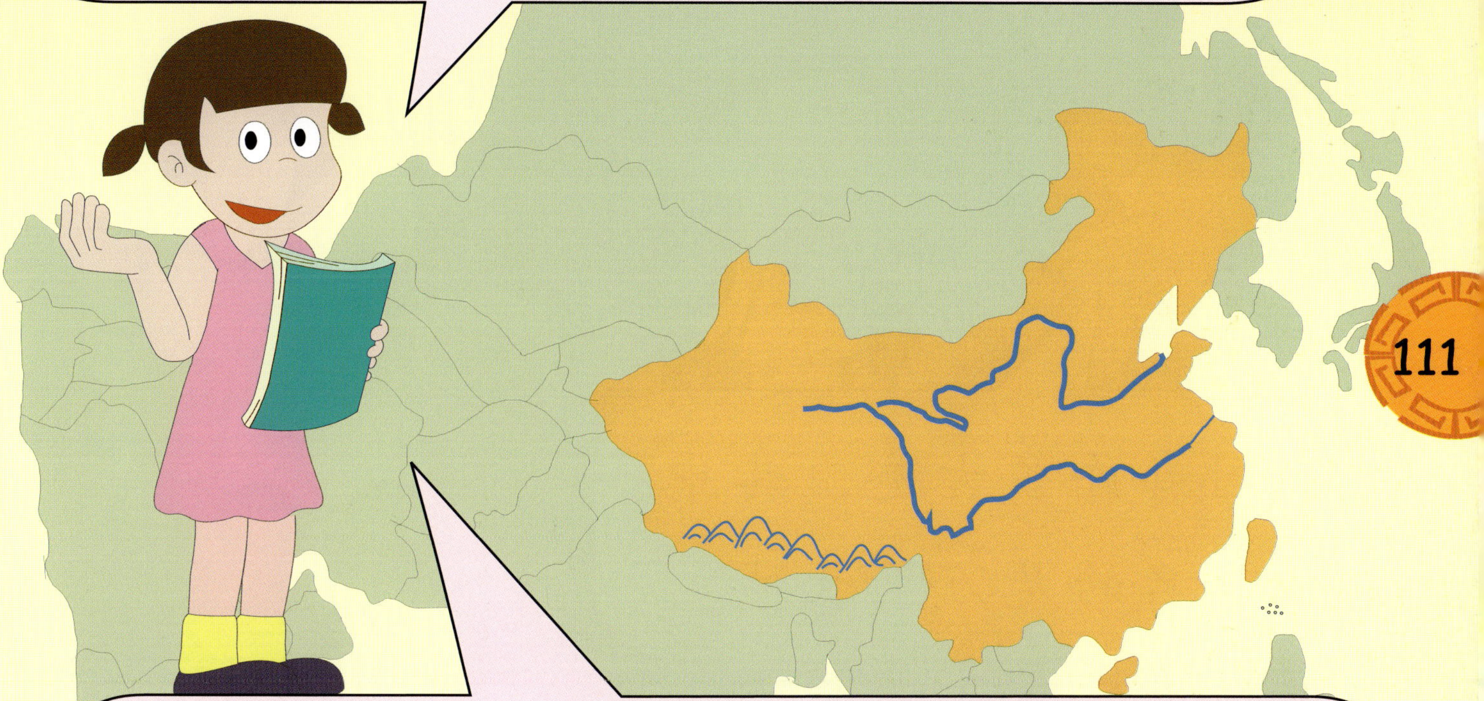

你看，这两条是中国最有名(yǒu míng)的河(hé)：长江(cháng jiāng)和黄河(huáng hé)。长江(cháng jiāng)有六千(qiān)三百多公里(gōng lǐ)长，是中国最长的河(hé)，也是世界(shì jiè)第三长的河(hé)。黄河(huáng hé)有五千(qiān)四百多公里(gōng lǐ)长，是中国文化的起源地(qǐ yuán dì)。中国最高的山(shān)是喜马拉雅山(xǐ mǎ lā yǎ shān)，有八千(qiān)八百四十四米(mǐ)高，也是世界(shì jiè)最高的山(shān)。

第四十八课 认识中国

我看了介绍中国历史的书。中国有五千多年的历史。
哇！好长的历史！
中国有许多古迹，其中最有名的是万里长城。
听说从月球都能看到长城。
中国历史上最有名的老师是孔子，最有名的诗人是李白。大中，你找到了什么？

第四十八课 认识中国

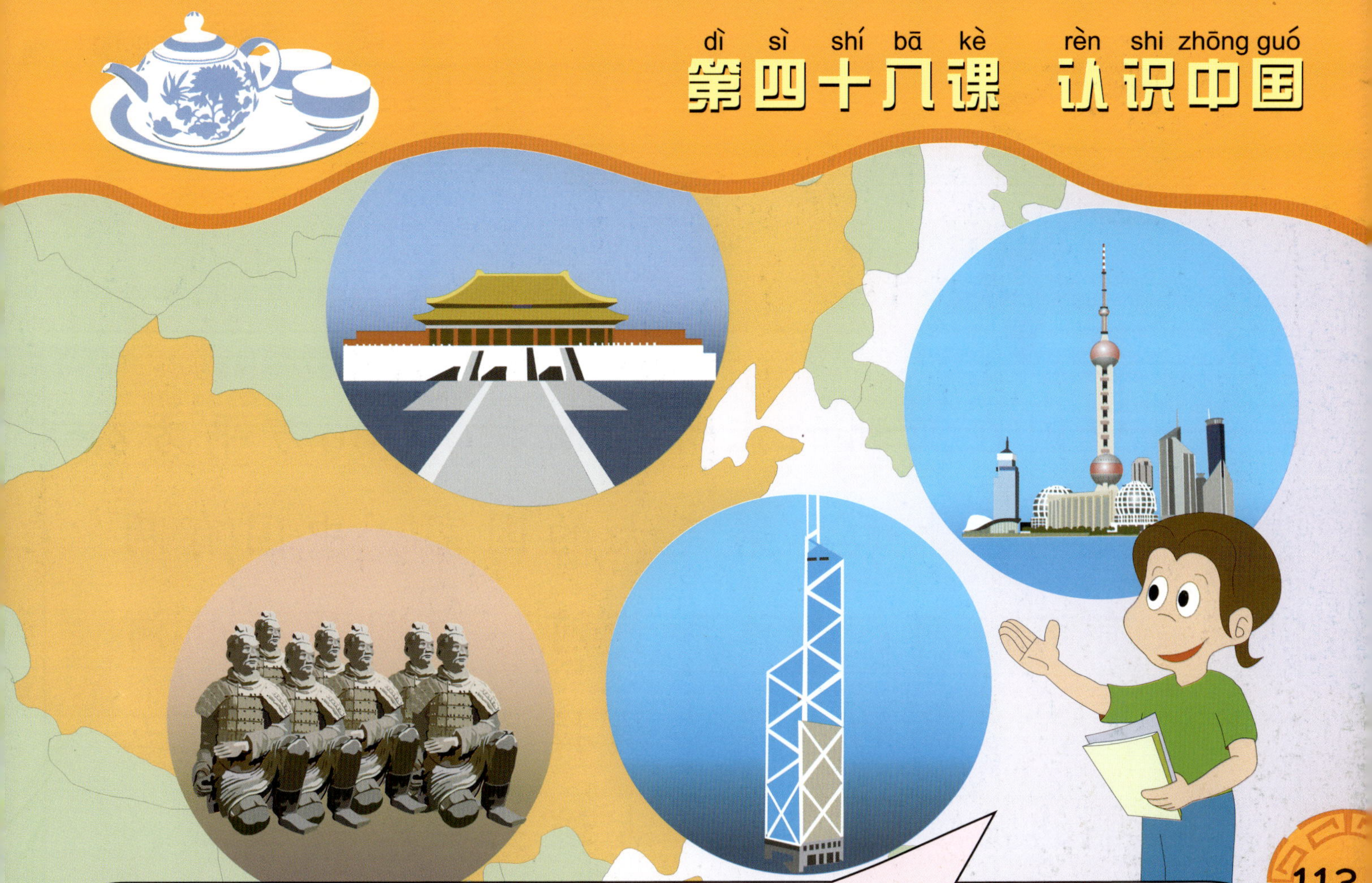

中国的人口很多，有13亿人，是世界上人口最多的国家。中国各地的人都学说普通话，也就是华语。中国有很多有名的大城市：北京、上海、西安、香港等等。

shì shi kàn 试试看 Challenge

中国在亚洲的东部，面积有960万平方公里，是世界上面积第三大的国家。中国有两条最有名的河：长江和黄河。中国最长的河是长江，最高的山是喜马拉雅山。中国有五千多年的历史，有许多古迹：故宫、长城、天坛(tiān tán)等等。中国的人口很多，有13亿人，是世界上人口最多的国家。中国人说华语，写华文。中国有很多有名的大城市：北京、上海、西安、香港等等。中国有很多传统(chuán tǒng)的节日。春节是中国最重要(zhòng yào)的节日。除了春节以外，元宵节、中秋节和端午节也很重要(zhòng yào)。

生词：New Words

天坛：the Temple of Heaven

重要：important

传统：traditonal

dú yi dú
读一读 I Can Read

走走走，游游游，
我到中国来旅游，
一年到头玩不够(gòu)。
爬(pá)爬喜马拉雅山，
看看故宫和天(tiān)坛(tán)。
尝尝烤鸭古老肉，
舞舞狮子赛龙舟。
春节到了包饺子，
端午到了吃粽子。
灯节到了赏花灯，
中秋到了吃月饼。
走走走，游游游，
我到中国来旅游，
一年到头玩不够(gòu)。

生词：New Words

够：enough

爬：to climb

dì sì shí bā kè　rèn shi zhōng guó
第四十八课　认识中国

jù xíng
句型 Sentence Patterns

最…是…

中国最长的河是长江。
The Yangtze River is the longest river in China.

中国最有名的古迹是长城。
The Great Wall is the most famous historical site in China.

我最喜欢吃的水果是苹果。
Apples are my favorite fruit.

我最喜欢的运动是游泳。
Swimming is my favorite sport.

其中…

中国有许多古迹，其中最有名的是长城。
There are a lot of historical sites in China, among them the most famous is the Great Wall.

中国有很多节日，其中最重要的是春节。
There are many festivals in China, among them the most important is the Spring Festival.

我有许多爱好，其中我最喜欢的是画画。
I have many hobbies, among them my favorite is drawing.

我每天要上许多课，其中我最不喜欢的是数学课。
I have many classes every day, among them my least favorite is math.

dì sì shí bā kè rèn shi zhōng guó

第四十八课 认识中国

jù xíng 句型 Sentence Patterns …关于…

这本书有很多关于中国地理的资料。
This book has a lot of information about Chinese geography.

我找到一本关于中国历史的书。
I found a book about Chinese history.

我写完了关于中国城市的报告。
I finished the report about the cities in China.

关于十二生肖，有很多不同的故事，其中我最喜欢的是猫和老鼠的故事。
There are many stories about the 12 animals in the Chinese Zodiac, among them the story about the cat and the mouse is my favorite.

jù xíng liàn xí 句型练习

这本书有很多关于中国地理的资料。

我看了、一本、中国历史、书

→ ______________________________。

他写了、很多、美国历史、报告

→ ______________________________。

王小文的爷爷买了、很多、健康、书

→ ______________________________。

jù xíng liàn xí
句型练习

这个苹果一定很好吃！

这个电脑游戏、很好玩

→ ______________________________！

我、会来

→ ______________________________！

你、不知道、我是谁

→ ______________________________！

白大卫的华语、说得很好

→ ______________________________！

知道　　认识

开学以后，我_____了很多同学。

我不_____这个字，所以我不会写。

我_____姚明，但是我不_____他。

很多人都_____中国，但不是每个人都_____中国。

dì sì shí bā kè rèn shi zhōng guó
第四十八课 认识中国

rèn dú zì cí
认读字词

认识	rèn shi	to get to know, know personally
报告	bào gào	report
介绍	jiè shào	to introduce
地理	dì lǐ	geography
关于	guān yú	about
资料	zī liào	reference materials
亚洲	yà zhōu	Asia
部	bù	part
面积	miàn jī	area
万	wàn	ten thousand
平方	píng fāng	square
公里	gōng lǐ	kilometer
里	lǐ	Chinese mile
有名	yǒu míng	famous
河	hé	river

dì sì shí bā kè　rèn shi zhōng guó
第四十八课　认识中国

rèn dú zì cí
认读字词

长江	cháng jiāng	the Changjiang (Yangtze) River
江	jiāng	river
黄河	huáng hé	the Yellow River
千	qiān	thousand
世界	shì jiè	world
起源地	qǐ yuán dì	cradle of civilization
山	shān	mountain
喜马拉雅山	xǐ mǎ lā yǎ shān	Himalayas
米	mǐ	meter
历史	lì shǐ	history
哇	wā	Wow![expression]
许多	xǔ duō	many,much
古迹	gǔ jì	historical site
其中	qí zhōng	among
听说	tīng shuō	to hear/understand that

dì sì shí bā kè　rèn shi zhōng guó

第四十八课　认识中国

rèn dú zì cí

认读字词

月球	yuè qiú	the moon
孔子	kǒng zǐ	Confucius
诗人	shī rén	poet
李白	lǐ bái	LI Bai
人口	rén kǒu	population
亿	yì	hundred million
国家	guó jiā	country
各地	gè dì	various places
普通话	pǔ tōng huà	mandarin
城市	chéng shì	city
北京	běi jīng	Beijing
上海	shàng hǎi	Shanghai
西安	xī'ān	Xi'an
香港	xiāng gǎng	Hong Kong
等等	děng děng	and so on, etc.
一定	yí dìng	must, for sure
棒	bàng	great, excellent

xí xiě zì
习写字

山 shān mountain
丨 ㇗ 山

口 kǒu mouth
丨 ㇆ 口

江 jiāng river
丶 冫 氵 氵一 汀 江

河 hé river
丶 冫 氵 氵一 汀 沪 泀 河

索引 INDEX

	中文 Chinese	拼音 pīn yīn	英文 English	课 Lesson
A	爱好	ài hào	hobby	45
B	办公室	bàn gōng shì	office	42
	帮	bāng	to help	47
	棒	bàng	great, excellent	48
	棒球场	bàng qiú chǎng	baseball field	42
	报告	bào gào	report	48
	北京	běi jīng	Beijing	48
	比赛	bǐ sài	match, competition, game	43
	表示	biǎo shì	to express, mean	46
	病	bìng	sick	41
	菠萝	bō luó	pineapple	39
	不但	bú dàn	not only	42
	部	bù	part	48
C	参观	cān guān	to visit (a place)	47
	参加	cān jiā	to participate, take part in	43
	餐厅	cān tīng	cafeteria	42
	草	cǎo	grass	40
	长城	cháng chéng	the Great Wall	47
	长江	cháng jiāng	the Changjiang (Yangtze) River	48
	常常	cháng cháng	often, frequently	42
	唱歌	chàng gē	to sing	45
	超市	chāo shì	supermarket	44
	诚实	chéng shí	honest	46
	城市	chéng shì	city	48
	橙色	chéng sè	orange	38
	出去	chū qù	to go out	45
	出生	chū shēng	to be born	46
	初一	chū yī	the first day of each Lunar month	37
	初中	chū zhōng	middle school	42
	除了… 以外，还…	chú le... yǐ wài, hái...	besides...also...	45
	春节	chūn jié	Chinese New Year, Spring Festival	37

	春天	chūn tiān	spring	40
	聪明	cōng míng	smart	46
D	打算	dǎ suàn	to intend to, plan to	47
	大方	dà fang	generous	46
	带	dài	to bring, carry	44
	到处	dào chù	everywhere	42
	得	dé	to gain, receive	43
	得	de	[a grammatical word]	43
	灯节	dēng jié	Lantern Festival	37
	等等	děng děng	and so on, etc	48
	地方	dì fang	place	44
	地理	dì lǐ	geography	48
	第…名	dì...míng	to be in (num.)place	43
	电影	diàn yǐng	movie	44
	电影院	diàn yǐng yuàn	cinema, movie theater	44
	冬天	dōng tiān	winter	40
	栋	dòng	[measure word for buildings]	42
	肚子	dù zi	belly, stomach	41
	度假	dù jià	take a vacation	47
	端午节	duān wǔ jié	Dragon Boat Festival	37
	堆	duī	to stack, pile	40
	堆雪人	duī xuě rén	to build a snowman	40
	队	duì	team, group	45
	对了	duì le	by the way (used to start a new topic)	44
	对面	duì miàn	opposite, across from	44
E	而且	ér qiě	but also	42
F	发烧	fā shāo	fever	41
	饭后	fàn hòu	after a meal	41
	饭前	fàn qián	before a meal	41
	非常	fēi cháng	very, extremely	44
	粉红色	fěn hóng sè	pink	38
G	感冒	gǎn mào	to catch a cold	41
	钢琴	gāng qín	piano	45
	高兴	gāo xìng	happy	39
	高中	gāo zhōng	high school	42
	各种	gè zhǒng	varied	47
	各地	gè dì	various places	48
	公里	gōng lǐ	kilometer	48
	功夫片	gōng fu piàn	kung fu movie	45

	古迹	gǔ jì	historical site	48
	故宫	gù gōng	the Forbidden City	47
	故事书	gù shi shū	story book	45
	关于	guān yú	about	48
	国家	guó jiā	country	48
	过	guò	to celebrate, pass	37
H	海	hǎi	sea, ocean	47
	海边	hǎi biān	seashore	47
	寒假	hán jià	winter vacation	47
	合唱团	hé chàng tuán	chorus	45
	河	hé	river	48
	喉咙	hóu lóng	throat	41
	滑雪	huá xuě	to ski	47
	画	huà	to draw	44
	画画	huà huà	drawing	45
	黄河	huáng hé	the Yellow River	48
	活动	huó dòng	activity	47
J	机会	jī huì	chance, opportunity	47
	鸡	jī	chicken	46
	寄	jì	to send	44
	季节	jì jié	season	40
	夹克	jiā kè	jacket	39
	假期	jià qī	holiday, vacation	47
	件	jiàn	[measure word for clothing and other items such as gifts]	39
	健康	jiàn kāng	healthy	39
	江	jiāng	river	48
	饺子	jiǎo zi	dumpling	37
	教学楼	jiào xué lóu	academic building	42
	节目	jié mù	program	45
	节日	jié rì	festival	37
	介绍	jiè shào	to introduce	48
	久	jiǔ	long	47
	剧院	jù yuàn	theater	42
K	咖啡	kā fēi	coffee	44
	咖啡店	kā fēi diàn	cafe	44
	开	kāi	to hold, open	39
	开	kāi	to offer, prescribe	41

	咳嗽	ké sou	cough	41
	可是	kě shì	but, yet, however	43
	孔子	kǒng zǐ	Confucius	48
	快餐	kuài cān	fast food	44
	快餐店	kuài cān diàn	fast food restaurant	44
L	拉	lā	to play (a stringed instrument)	45
	篮	lán	basket	39
	篮球场	lán qiú chǎng	basketball court	42
	老人院	lǎo rén yuàn	elderly home	47
	老人	lǎo rén	the aged	47
	礼物	lǐ wù	present, gift	39
	里	lǐ	Chinese mile	48
	李白	lǐ bái	LI Bai	48
	历史	lì shǐ	history	48
	荔枝	lì zhī	lychee	39
	练习	liàn xí	to practice	45
	凉快	liáng kuai	cool	40
	量	liáng	to measure	41
	聊天	liáo tiān	to chat	47
	龙	lóng	dragon	46
	旅游	lǚ yóu	to travel	40
M	马	mǎ	horse	46
	漫画	màn huà	cartoon, comic book	45
	迷	mí	fan	45
	米	mǐ	meter	48
	面积	miàn jī	area	48
	明年	míng nián	next year	46
N	牛	niú	ox	46
	农历	nóng lì	Lunar calendar	37
	暖和	nuǎn huo	warm	40
O	哦	ò	Oh! [expression]	44
P	拍	pāi	to take (a photo)	47
	旁边	páng biān	beside, next to	44
	跑	pǎo	to run	43
	陪	péi	to accompany	47
	便宜	pián yi	cheap, inexpensive	38
	平方	píng fāng	square	48
	普通话	pǔ tōng huà	mandarin	48
Q	其中	qí zhōng	among	48

	起源地	qǐ yuán dì	cradle of civilization	48
	千	qiān	thousand	48
	铅球	qiān qiú	shot (as in "shot put")	43
	浅	qiǎn	light, shallow	38
	巧克力	qiǎo kè lì	chocolate	44
	亲	qīn	kiss	39
	勤快	qín kuai	industrious	46
	秋天	qiū tiān	autumn	40
	去年	qù nián	last year	46
R	热	rè	hot	40
	人口	rén kǒu	population	48
	认识	rèn shi	to get to know, know personally	48
	日记	rì jì	journal, diary	43
S	赛跑	sài pǎo	foot race	43
	晒	shài	to bask in the sun, tan	47
	山	shān	mountain	48
	商店	shāng diàn	shop, store	38
	上海	shàng hǎi	Shanghai	48
	上网	shàng wǎng	to surf the Internet, go online	45
	社区	shè qū	community, neighborhood	44
	深	shēn	dark, deep	38
	神话	shén huà	myth, fairy tale	46
	生	shēng	to be born	46
	生日会	shēng rì huì	birthday party	39
	生肖	shēng xiào	Chinese Zodiac	46
	诗人	shī rén	poet	48
	时候	shí hou	time, occasion	37
	世界	shì jiè	world	48
	试	shì	to try	38
	试穿	shì chuān	to try on	38
	室外	shì wài	outdoor	40
	手表	shǒu biǎo	watch	39
	舒服	shū fu	comfortable	41
	鼠	shǔ	mouse	46
	属	shǔ	to belong to	46
	暑假	shǔ jià	summer vacation	47
	属相	shǔ xiàng	Zodiac sign	46
	束	shù	bunch, sheaf	39
	送给	sòng gěi	to give	39

	所以	suǒ yǐ	therefore	42
T	太阳	tài yáng	the sun	47
	弹	tán	to play(an instrument)	45
	汤圆	tāng yuán	sweet glutinous rice ball	37
	桃子	táo zi	peach	39
	疼	téng	pain,ache	41
	体温	tǐ wēn	body temperature	41
	体育馆	tǐ yù guǎn	gymnasium,sports arcna	42
	跳	tiào	to jump	43
	跳高	tiào gāo	high jump	43
	跳舞	tiào wǔ	to dance	45
	跳远	tiào yuǎn	long jump	43
	听说	tīng shuō	to hear/understand that	48
	同	tóng	same; alike, similar	46
	头疼	tóu téng	headache	41
	投	tóu	to throw,toss	43
	图	tú	picture	44
W	哇	wā	Wow! [expression]	48
	完	wán	end, finish	44
	万	wàn	ten thousand	48
	网球场	wǎng qiú chǎng	tennis court	42
	忘	wàng	to forget	44
	为	wèi	for	39
	为什么	wèi shén me	why	40
	温顺	wēn shùn	gentle, mild	46
	文化	wén huà	culture	47
	五颜六色	wǔ yán liù sè	colorful	42
X	西安	xī'ān	Xi'an	48
	喜马拉雅山	xǐ mǎ lā yǎ shān	Himalayas	48
	夏令营	xià lìng yíng	summer camp	47
	夏天	xià tiān	summer	40
	香港	xiāng gǎng	Hong Kong	48
	象征	xiàng zhēng	symbol	46
	小提琴	xiǎo tí qín	violin	45
	信	xìn	letter	44
	行	xíng	okay	38
	许多	xǔ duō	many; much	48
	雪人	xuě rén	snowman	40
Y	亚洲	yà zhōu	Asia	48

	羊	yáng	goat, sheep	46
	药	yào	medicine	41
	一定	yí dìng	must, for sure	48
	医院	yī yuàn	hospital	44
	一面…一面…	yí miàn...yí miàn...	at the same time, simultaneously	39
	以后	yǐ hòu	after	42
	一边…一边…	yì biān..yì biān....	at the same time, simultaneously	45
	义工	yì gōng	volunteer	47
	亿	yì	a hundred millon	48
	银行	yín háng	bank	44
	应该	yīng gāi	should	41
	勇敢	yǒng gǎn	brave, courageous	46
	邮局	yóu jú	post office	44
	游泳池	yóu yǒng chí	swimming pool	42
	有名	yǒu míng	famous	48
	元宵节	yuán xiāo jié	Lantern Festival	37
	远	yuǎn	far	43
	月饼	yuè bǐng	moon cake	37
	月球	yuè qiú	the moon	48
	乐团	yuè tuán	orchestra	45
	运动场	yùn dòng chǎng	sports ground	42
	运动会	yùn dòng huì	sports meet, sports day	43
Z	照片	zhào piàn	photograph, picture	47
	这些	zhè xiē	these	44
	真	zhēn	really, truly	39
	整理	zhěng lǐ	to clean up, tidy up	47
	正月	zhēng yuè	the first month of the Lunar year	37
	正在	zhèng zài	in the process of	44
	知道	zhī dào	to know	46
	中秋节	zhōng qiū jié	Moon Festival	37
	中午	zhōng wǔ	noon	44
	种	zhǒng	kind	46
	周末	zhōu mò	weekend	45
	猪	zhū	pig	46
	资料	zī liào	reference materials	48
	紫色	zǐ sè	purple	38
	粽子	zòng zi	glutinous rice wrapped in bamboo leaves	37
	足球场	zú qiú chǎng	soccer field	42
	作业	zuò yè	homework	44

kuài lè ér tóng huá yǔ zì biǎo

快乐儿童华语Vol.4字表

Character List

课	课题	字数	习写字（共计48个）	字数	认读字（共计179个）
37	中国的节日	4	灯节元正	15	饼初春端过候历农秋时汤午宵圆粽
38	去商店买东西	4	百深以行	8	便橙店粉浅试宜紫
39	爷爷的生日会	4	爷给高兴	14	菠夹件健康克礼荔萝亲送桃真枝
40	一年有四季	4	花草因为	7	冬堆凉旅暖热夏
41	我病了	4	病疼应该	14	肚发服感喉咳量咙冒烧舒嗽温药
42	我喜欢我的学校	4	楼但馆场	11	办棒餐常池处栋而剧且院
43	运动会	4	运第开远	7	参得记赛所跳投
44	我的社区	4	店得完忘	20	边超带地方画寄局力哦旁巧区市些信业银影邮
45	你有什么爱好?	4	唱歌跳队	15	除弹夫钢功合拉末目片琴提团舞周
46	十二生肖	4	牛羊猪狗	17	诚聪道敢龙勤神实顺相肖性勇征知种属
47	我的假期	4	假暑寒海	21	帮城度各故观滑化活久理聊令陪晒算阳义营照整
48	认识中国	4	山口江河	30	报北部定港告迹积介界京孔平其千认绍诗识史世哇万雅亚亿于源洲资

备注：认读字中加下划线的字在后课中改为习写字。

第三册

25	它们在哪里?	4	后面外鼠	6	前箱电脑下它
26	她的爸爸做什么工作?	3	商医学	9	工作还爷奶庭主妇做
27	我的一天	4	现分早半	7	起床放功课睡觉
28	这是谁的房间?	4	看玩写马	6	房间沙架柜具
29	他们在做什么?	4	电做们听	3	视音戏
30	打电话	4	找空对话	4	喂等关系
31	你今天上了什么课?	4	数英美每	13	程表科社术育休息场朗阅图馆
32	我用眼睛看一看	3	用拍牙	6	闻咬齿双手脚
33	这是李老师的家	4	房间厅洗	7	居卧厨浴卫花树
34	动物园	5	又还起园毛	10	虎狮袋斑熊趣因为漂亮
35	请你来我家玩	4	先再事太	2	蛋糕
36	到中国饭馆吃饭	4	菜主肉饭	21	迎光临位饮料橙单古宫爆鸡丁兰食米结账共您百

[redacted]